D1573234

To the Reader . . .

The books in this series include Hispanics from the United States, Spain, and Latin America, as well as from other countries. Just as your parents and teachers play an important role in your life today, the people in these books have been important in shaping the world in which you live today. Many of these Hispanics lived long ago and far away. They discovered new lands, built settlements, fought for freedom, made laws, wrote books, and produced great works of art. All of these contributions were a part of the development of the United States and its rich and varied cultural heritage.

These Hispanics had one thing in common. They had goals, and they did whatever was necessary to achieve those goals, often against great odds. What we see in these people are dedicated, energetic men and women who had the ability to change the world to make it a better place. They can be your role models. Enjoy these books and learn from their examples.

Frank de Varona
General Consulting Editor

General Consulting Editor
Frank de Varona
Associate Superintendent
Bureau of Education
Dade County, Florida, Public Schools

Consultant and Translator
Alma Flor Ada
Professor of Education
University of San Francisco

Editorial
Barbara J. Behm, Project Editor
Judith Smart, Editor-in-Chief

Art/Production
Suzanne Beck, Art Director
Carole Kramer, Designer
Eileen Rickey, Typesetter
Andrew Rupniewski, Production Manager

Copyright © 1993 Steck-Vaughn Company

Library of Congress number: 89-38080

Library of Congress Cataloging in Publication Data

Codye, Corinn
    Queen Isabella I.
    (Raintree Hispanic stories)
    English and Spanish.
    Summary: A biography of Queen Isabella I of Spain, who made it possible for Christopher Columbus to sail west, and whose fierce support of Catholicism led to the expulsion from Spain of non-converted Jews and Muslims.
    1. Isabella I, Queen of Spain, 1451–1504—Juvenile literature. 2. Spain—History—Ferdinand and Isabella, 1479–1516—Juvenile literature. 3. Spain—Kings and rulers—Biography—Juvenile literature. [1. Isabella I, Queen of Spain, 1451–1504. 2. Kings, queens, rulers, etc. 3. Spain—History—Ferdinand and Isabella, 1479–1516. 4. Spanish language materials—Bilingual.] I. Title. II. Series.
DP1 63.C63 1989 1989 946'.03'092 [B] [92]   89-38080

ISBN 0-8172-3380-6 hardcover library binding

ISBN 0-8114-6758-9 softcover binding

    5 6 7 8 9 0   97 96 95 94 93

QUEEN ISABELLA I

Corinn Codye
Illustrated by Rick Whipple

RSVP
RAINTREE
STECK-VAUGHN
P U B L I S H E R S
The Steck-Vaughn Company

Austin, Texas

The land of Castile—named for its hundreds of stone castles—is a high, dry plateau in Spain. Across this lonely land one sees a few scrubby oak trees and wide, silent distances. There, on April 22, 1451, Isabella of Castile was born to the king and queen of Castile.

Isabella was raised near the small town of Ávila and was schooled there by the priests. She was bright and thoughtful. She became an excellent horsewoman, a skill she used all her life. She had a great love for God and deep devotion to the Catholic church. She also had a dream—for all of Spain to be united as one Catholic country.

La tierra de Castilla —llamada así por centenares de castillos de piedra que hay en ella— es una meseta seca y árida en el centro de España. A través de esta tierra solitaria se ven sólo algunas encinas y amplias y silenciosas distancias. Allí, el 22 de abril de 1451, nació Isabel de Castilla, hija del rey y la reina de Castilla.

Isabel se crió cerca de la ciudad amurallada de Ávila y fue educada por sacerdotes de esa ciudad. Era inteligente y comprensiva. Se convirtió en una jinete magnífica y toda la vida practicó su gran habilidad para montar a caballo. Tenía gran amor a Dios y una profunda devoción a la Iglesia Católica. Y tenía el sueño de ver a toda España unida como un reino católico.

Isabella was not raised expecting to become queen. When her father died, Isabella's half-brother Henry took over the crown. Henry was a weak king, however, and the nobles of Castile often did as they pleased. In 1465, certain nobles crowned Alfonso, Isabella's twelve-year-old brother, as king of Castile. This started a war with Henry. When Alfonso suddenly died, the nobles asked seventeen-year-old Isabella to name herself queen and carry on the war against Henry.

Isabella refused. Instead, she made a clever bargain. She insisted that her nobles stop fighting and honor Henry as king, as long as he lived. In return for this peace, Henry agreed to name her to become queen when he died.

Isabel, de joven, no pensó que llegaría a ser reina. Cuando su padre murió, su hermanastro Enrique tomó el trono. Pero Enrique era un rey débil y los nobles de Castilla hacían lo que querían. En 1465, ciertos nobles coronaron rey de Castilla a Alfonso, el hermano de doce años de Isabel. Esto dio lugar a una guerra con Enrique. Cuando Alfonso murió súbitamente, los nobles le pidieron a Isabel, que tenía entonces diecisiete años, que se coronara reina y que continuara la guerra contra Enrique.

Pero Isabel se negó. En cambio, llegó a un acuerdo muy acertado: insistió en que los nobles dejaran de pelear y honraran a Enrique como rey, mientras viviera. A cambio de esta paz, Enrique accedió a nombrarla su sucesora, como reina, cuando él muriera.

Many kings and princes asked for Isabella's hand in marriage. However, she had already decided the best match for herself. If she could marry Ferdinand, crown prince of the neighboring kingdom of Aragón, together they could rule the greatest part of Spain. King Henry was against this match, however, and tried to capture Isabella. She escaped the king's guards and rode north toward the border of Castile and Aragón.

Ferdinand, disguised as a servant, secretly traveled to meet Isabella. On October 15, 1469, seventeen-year-old Ferdinand and eighteen-year-old Isabella met in the town of Valladolid. They were married four days later. Although they were to become the greatest rulers Spain had ever known, they had to borrow money to pay for their wedding celebration, which lasted a whole week.

Muchos reyes y príncipes pidieron la mano de Isabel. Pero ella ya había decidido cuál era el matrimonio que le convenía. Si se casaba con Fernando, el príncipe heredero del reino vecino de Aragón, juntos podrían reinar sobre la mayor parte de España. Pero el rey Enrique estaba en contra de ese matrimonio y trató de detener a Isabel. Ella escapó de los guardias del rey y cabalgó al norte hacia la frontera de Castilla y Aragón.

Fernando viajó en secreto, vestido de criado, para encontrarse con Isabel. El 15 de octubre de 1469, Fernando, de diecisiete años, e Isabel, de dieciocho, se encontraron en Valladolid. Se casaron cuatro días después. Aunque llegarían a ser los reyes más importantes de España, tuvieron que tomar dinero prestado para pagar las fiestas de boda que duraron una semana.

For the next five years, Ferdinand had to spend most of his time in Aragón. Isabella, on her own, rode from town to town in Castile to gain support from the nobles. She won a great following. When King Henry suddenly died, Isabella declared herself queen. Ferdinand came as quickly as possible from Aragón. Isabella and he agreed to rule Castile together, "as one will in two bodies." Such a strong union was needed, for they faced a war with Portugal.

Ferdinand took over the training of the army, while Isabella rode through the countryside, raising money from every city and town. When Ferdinand won his first great victory, Isabella humbly walked barefoot to church to give thanks to God. Then she again took to horseback, winning more and more nobles into her service. Finally, three years later, the Portuguese gave up.

Durante los cinco años siguientes, Fernando pasó la mayor parte del tiempo en Aragón. Isabel cabalgó de pueblo en pueblo de Castilla para conseguir por sí misma el apoyo de los nobles. Consiguió muchos seguidores. Cuando el rey Enrique murió de repente, Isabel se hizo coronar reina. Fernando vino de Aragón tan pronto como le fuera posible. Isabel y Fernando convinieron en reinar en Castilla juntos, como "una voluntad en dos cuerpos". Este tipo de unidad fuerte era necesaria, porque ahora tenían que enfrentarse con una guerra contra Portugal.

Fernando se ocupó de entrenar al ejército, mientras que Isabel cabalgaba por todo el reino para recaudar fondos en cada ciudad y pueblo. Cuando Fernando ganó su primera gran victoria, Isabel caminó descalza con humildad a la iglesia para dar gracias a Dios. Luego siguió sus cabalgatas y fue consiguiendo que se le unieran más y más nobles. Finalmente, al cabo de tres años, los portugueses se rindieron.

Isabella never stopped thinking of her dream of a strong, united Spain. Now that Aragón and Castile had defeated the Portuguese, much work was needed to make the country strong. Isabella knew she had to take back many of the powers of the nobles.

Nobles belonged to various groups of knights. One day Isabella heard news that the leader of one group, the Knights of Santiago, had died. A new leader was about to be chosen, and Isabella rode nonstop for three days to the meeting place. She broke into the meeting and asked that Ferdinand be made the new leader of the Santiago knights. What could they do but grant her wish? Soon Isabella and Ferdinand took over all the main groups of knights.

Isabel nunca dejó de pensar en su sueño de una España fuerte y unida. Ahora que Aragón y Castilla habían vencido a los portugueses, se necesitaba mucho esfuerzo para fortalecer el país. Isabel comprendió que tenía que rescatar mucho del poder que habían conseguido los nobles.

Los nobles pertenecían a distintas órdenes de caballería. Un día Isabel supo que el gran maestre de la orden de los caballeros de Santiago había muerto. Iban a elegir un nuevo gran maestre e Isabel cabalgó por tres días sin parar hasta el lugar de la reunión. Interrumpió el concilio y pidió que eligieran a Fernando gran maestre de la Orden de Santiago. ¿Qué podían hacer los caballeros sino acceder a su pedido? Muy pronto, Isabel y Fernando controlaban las principales órdenes de caballería.

Isabella also began to create law and order. First, she and Ferdinand set up a national police force. Then they set up an army to protect the police. Isabella ordered the writing of a set of laws and established courts in the large cities. As Isabella and Ferdinand traveled from city to city, they took time to decide cases between local people. Isabella and Ferdinand also made new laws for trading and other business, made new and better roads, and tightly controlled the making of money. Until then, people had made their own money. As a result, money had little or no value.

Slowly the country began to prosper. By 1479, Isabella and Ferdinand could look out over Castile and Aragón and know that they had pulled together a strong country from what had been nearly ruins.

Isabel también empezó a establecer ley y orden. Primero que nada, ella y Fernando organizaron un cuerpo de guardias. Luego crearon un ejército para proteger a la guardia. Isabel ordenó que se escribiera un conjunto de leyes y organizó cortes legales en las ciudades principales. La corte real se mudaba de ciudad a ciudad y ella y Fernando dedicaban tiempo para juzgar disputas entre los pobladores locales. Isabel y Fernando dictaron nuevas leyes para el comercio y los negocios, hicieron nuevos y mejores caminos y controlaron cuidadosamente la emisión de monedas. Hasta entonces, la gente hacía sus propias monedas. Como consecuencia, había mucho dinero que tenía poco o ningún valor.

Lentamente, el país comenzó a prosperar. En 1479, Isabel y Fernando podían mirar sus tierras y saber que habían creado un país fuerte de algo que había estado casi en ruinas.

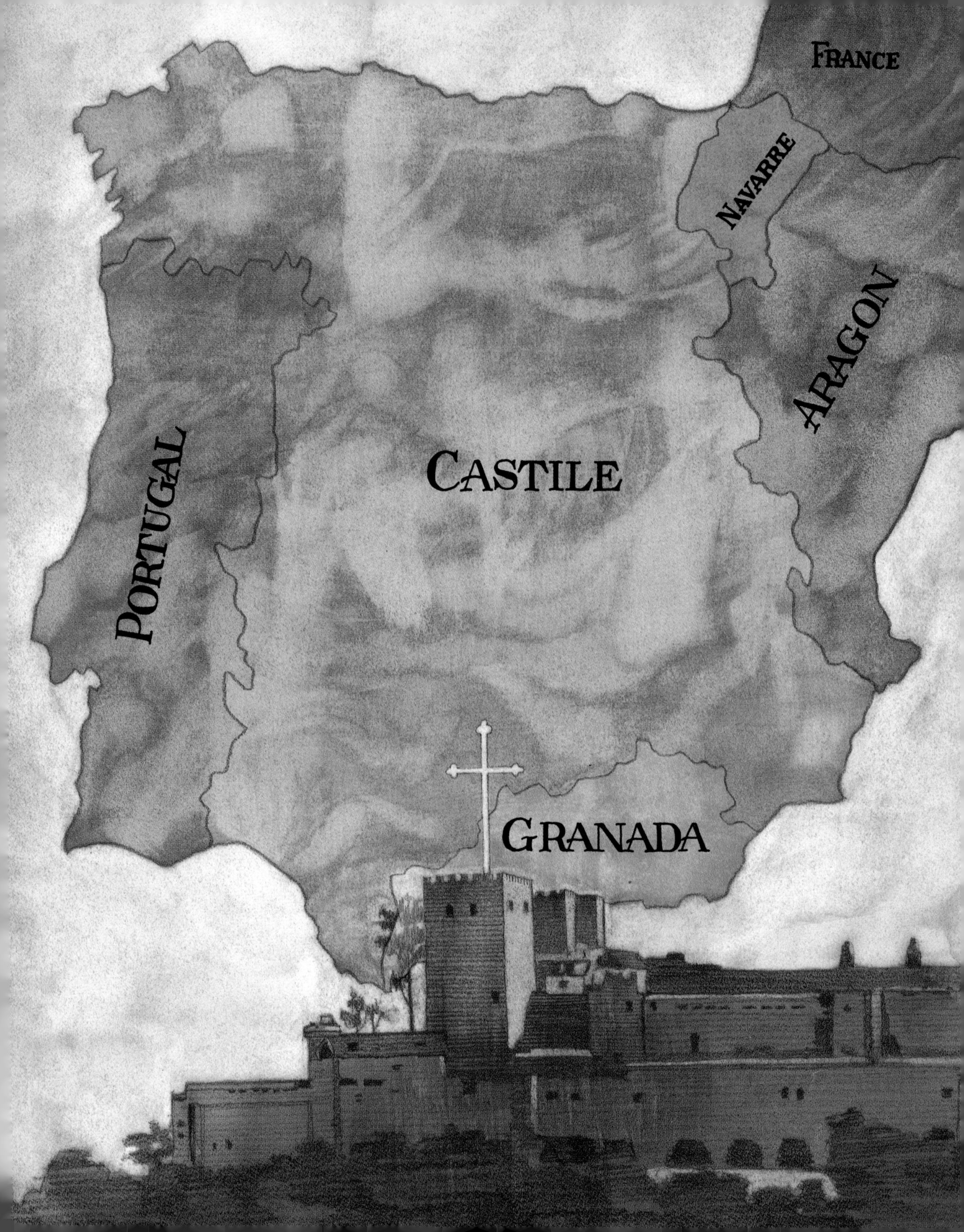

FRANCE

NAVARRE

ARAGON

PORTUGAL

CASTILE

GRANADA

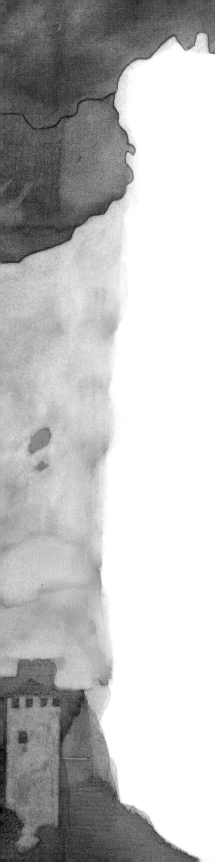

Isabella still dreamed of a united Spain. The Moors, Muslim conquerors from Africa, still held Granada, in the southern part of Spain. The Moors were against the Catholic church. Isabella longed to free Granada from them. After the Moors attacked a nearby Christian town in 1481, Isabella and Ferdinand went to war.

Once again, they divided their jobs. Ferdinand led the army, while Isabella rode across the land to raise money and supplies. She was nearly killed during this dangerous time.

Finally, in 1492, the Moors surrendered the city of Granada. The royal Spanish soldiers rode into the beautiful castle there, the Alhambra, and raised a giant silver cross from its highest tower. The royal flag was raised, and Isabella, with Ferdinand, sank to her knees in silent thanksgiving to God. Her most precious dream had been fulfilled.

Isabel todavía soñaba con una España unida. Los moros, conquistadores musulmanes que habían venido de África, todavía controlaban Granada, en el sur de España. Los moros estaban en contra de la Iglesia Católica. Isabel soñaba con liberar Granada de los moros. Cuando los moros atacaron un pueblo cristiano en 1481, Isabel y Fernando declararon la guerra.

Una vez más, se repartieron las responsabilidades. Fernando capitaneaba el ejército mientras que Isabel cabalgaba por el país para conseguir dinero y provisiones. A ella casi la mataron en esta época peligrosa.

Finalmente, en 1492, los moros rindieron la ciudad de Granada. Los soldados españoles entraron en el bellísimo palacio de la Alhambra y levantaron una enorme cruz de plata en su torre más alta. Izaron el pabellón real e Isabel y Fernando se hincaron de rodillas para dar en silencio gracias a Dios. El más preciado sueño de Isabel se había cumplido.

Midway through the Moorish war, Queen Isabella I had met the man who helped turn her Spain into one of the most powerful nations in the world. Christopher Columbus first appeared before the queen in 1486. The war was her first concern, but she did take time to listen to the proud, redheaded dreamer. Columbus was a man with a bold vision. Far to the east was Asia, a land of many riches. To get there, Europeans had to make a long journey east by land or sea. Columbus believed that a shorter route could be found by sailing *west* across the "Ocean Sea" (later known as the Atlantic Ocean).

Columbus was sure he could sail west and reach Asia easily in a few days. He proudly asked for the queen's help in carrying out his ideas. He asked to be given ships, men, and supplies to make the voyage. She was surprised by all his demands. He also asked to be made admiral of the Ocean Sea and governor of all the new lands he might discover on his voyage.

Cuando estaba en medio de la lucha contra los moros, la reina Isabel I conoció al hombre que la ayudaría a convertir a España en una de las naciones más poderosas del mundo. Cristóbal Colón se presentó por primera vez ante la reina en 1486. La guerra era la preocupación principal de Isabel, pero escuchó al orgulloso soñador pelirrojo. Colón era un hombre con un gran sueño. Muy lejos, hacia el este, estaba Asia, una tierra llena de riquezas. Para llegar allí, los europeos tenían que hacer un largo viaje hacia el este por mar y tierra. Colón creía que era posible encontrar una ruta más corta navegando hacia el *oeste* a través del Mar Océano (que más tarde se llamaría el Océano Atlántico).

Colón estaba seguro de que él podría navegar hacia el oeste y llegar a Asia fácilmente en unos días. Lleno de orgullo, le pidió a la reina que lo ayudara a llevar a cabo sus ideas. Le pidió barcos, hombres y provisiones para hacer el viaje. Ella quedó muy sorprendida de sus demandas. Él le pidió también que lo hiciera Almirante del Mar Océano y gobernador de todas las nuevas tierras que pudiera encontrar en su viaje.

Isabella and Ferdinand had many doubts about Columbus's plan. Isabella's scientists argued that Columbus was wrong about the distance to Asia—they felt the journey had to be much longer than Columbus expected it to be. Ferdinand felt Columbus was asking for too much. Besides that, the Spanish treasury was empty from the Moorish wars. How could they pay for such an expensive journey?

Columbus pointed out the possibility of many new lands and riches that might be found for Spain. Also, the natives of those new lands could be brought into the Catholic religion. These ideas pulled Isabella toward granting Columbus his wish. For the moment, however, she was too busy with the Moorish war.

Isabel y Fernando tenían muchas dudas acerca del plan de Colón. Los sabios de la corte de Isabel insistían en que Colón estaba equivocado sobre la distancia hasta Asia: el viaje tenía que ser mucho más largo que lo que Colón estimaba. Fernando pensaba que Colón pedía demasiado. Además, las arcas del tesoro real estaban vacías, todo se había gastado en la guerra contra los moros. ¿Cómo podían pagar por un viaje tan costoso?

Colón indicó que había la posibilidad de descubrir muchas nuevas tierras y riquezas para España. También que los habitantes de esas nuevas tierras podrían ser convertidos a la religión católica. Estas ideas movieron a Isabel a querer conceder su deseo a Colón. Pero, por el momento, estaba demasiado ocupada con la guerra contra los moros.

Finally, after the Moorish war ended, Columbus made his request again. Some of Isabella's most trusted advisers believed strongly in Columbus's ideas. If the trip succeeded, Spain would gain much wealth and be ahead of other countries. Great good could be done for God and the church. Even if the trip failed, they pointed out, Isabella would be honored for her courage and generosity.

Even so, Isabella said no. Columbus left the court in despair. Then, suddenly, Isabella called Columbus back to court. Something made her change her mind. Perhaps she saw in Columbus the willingness to follow his dream and never give it up, even in the face of all difficulties. Isabella granted Columbus his wish.

Finalmente, cuando terminó la guerra contra los moros, Colón presentó nuevamente su propuesta. Algunos de los consejeros en quienes más confiaba Isabel, creían firmemente en las ideas de Colón. Si el viaje tenía éxito, España ganaría muchas riquezas y crecería en importancia frente a otras naciones. Se podría hacer gran bien a Dios y a la Iglesia. Y aun si el viaje fallaba, señalaban, Isabel habría ganado honra por su valentía y generosidad.

Aun así, Isabel dijo que no. Colón abandonó la corte desesperado. Pero entonces, súbitamente, Isabel lo hizo regresar. Algo le había hecho cambiar de manera de pensar. Quizá vio en Colón la voluntad de perseguir su sueño y no darse nunca por vencido, a pesar de las mayores dificultades. Isabel le concedió a Colón su deseo.

On August 3, 1492, Columbus set sail in three tiny ships, as admiral of the Ocean Sea and governor of all lands he might discover. When he returned, in March of 1493, he had tales to tell of a strange land. He brought gold, feathered crowns, and brown-skinned American Indians to show Isabella. Columbus thought he had found the Indies, the islands near India. He did not yet know that he had come upon a different world, which was made up of two continents—North and South America.

After seeing the queen, Columbus returned to the islands to set up a Spanish settlement. The islands Columbus discovered were the first of many lands in the Americas that were brought under the rule of Spain. The dreamer Columbus had foretold the truth. These lands brought Spain riches, power, and souls for the church.

El 3 de agosto de 1492, Colón se hizo a la mar en tres pequeñas naves, como Almirante del Mar Océano y gobernador de todas las tierras que pudiera encontrar. Cuando regresó, en marzo de 1493, traía historias de una nueva tierra extraña. Trajo oro, coronas de plumas e indios bronceados para mostrar a Isabel. Colón pensó que había llegado a las Indias, las islas cercanas a la India. No sabía todavía que había llegado a un mundo completamente diferente, formado por dos continentes: la América del Norte y la América del Sur.

Después de ver a la reina, Colón regresó a las islas para establecer una colonia española. Las islas a las que llegó Colón fueron las primeras de las muchas tierras de las Américas que pasaron a ser gobernadas por España. El soñador Colón había presagiado la verdad. Estas tierras le trajeron a España riquezas, poder y almas para la iglesia.

Besides her dream of unifying Spain, Isabella wanted to be the best Catholic ruler possible. Isabella saw a great need for changes in the church. She chose new leaders for the church. These were well-trained thinkers, teachers, and scientists. The new leaders were faithful, honest, and fair.

Isabella herself went to many convents to visit with the nuns. Her sharp eyes missed nothing. In a straightforward manner, she pointed out ways in which the nuns could set a purer example of faith and simple living.

Además de su sueño de unificar a España, Isabel quería ser la mejor soberana católica posible. Isabel veía la necesidad de que hubiera muchos cambios en la iglesia. Isabel eligió nuevos líderes. Eran personas bien educadas como pensadores, maestros y científicos. Los nuevos líderes eran fieles, honestos y justos.

Isabel misma visitó muchos conventos. Sus ojos penetrantes no perdían detalle. Con mucha claridad señaló que las monjas deberían ofrecer un ejemplo más puro de sencillez y de fe.

Spain had many Jews and Moorish people. By law, they had to take up the Catholic faith. Church leaders believed, however, that the Jews and Moors continued to practice their own religions. Isabella's priests pressured her to set up an "Inquisition," a kind of court that was in operation in other countries in Europe. In it, people were tortured to get them to confess their religion. People who were found guilty of not practicing the Catholic faith were killed. It is hard to know why Isabella allowed such cruelty, when usually her acts were so fair. She hated bloodshed and never viewed the killings that took place in the Inquisition. Over 100,000 Jews fled the country. They included some of the country's leading doctors, lawyers, bankers, writers, scientists, and artists. Isabella believed she was gaining unity for her country and her church by allowing the Inquisition. However, it was more of a loss than a gain.

En España vivían muchos moros y judíos. Por ley, tenían que convertirse al catolicismo. Pero los líderes de la iglesia pensaban que los moros y los judíos practicaban sus religiones en privado. Los sacerdotes de Isabel la presionaron para que estableciera la Inquisición, una especie de jurado que ya existía en otros países de Europa. Allí torturaban a las personas para que confesaran su religión. Si descubrían que alguien no practicaba la religión católica, lo condenaban a muerte. Es difícil entender por qué Isabel permitió estas medidas tan crueles, cuando en general sus actos eran tan justos. Ella odiaba el derramamiento de sangre y nunca presenció las ejecuciones que tuvieron lugar en la Inquisición. Más de 100.000 judíos huyeron del país. Entre ellos habían algunos de los mejores médicos, abogados, banqueros, escritores, científicos y artistas del país. Isabel pensaba que estaba ganando unidad para su país y la iglesia al permitir la Inquisición. Sin embargo, fue más lo que se perdió que lo que se ganó.

Isabella and Ferdinand had spent their lives bringing unity to Spain. Isabella was Spain's greatest ruler. In July of 1504, both Isabella and Ferdinand fell ill with fever. Ferdinand recovered; Isabella never did. She died on November 24, 1504. Even in her final days, the great queen continued to work. After a life of working for the good of her country and church, she would not rest leaving anything undone. Only three days before her death, her last official act was to urge fair treatment of the American Indians of the New World.

Isabel y Fernando se pasaron la vida buscando la unificación de España. Isabel fue la más grande de las reinas de España. En julio de 1504 Isabel y Fernando se enfermaron con fiebre. Fernando se recuperó; Isabel no. Murió el 24 de noviembre de 1504. Aun en sus últimos días la gran reina continuó su trabajo. Después de toda una vida de trabajar por el bien de su país y de la iglesia, no podía descansar dejando algo sin hacer. Sólo tres días antes de morir, su último acto oficial fue urgir que se diera un trato justo a la gente indígena del Nuevo Mundo.

GLOSSARY

convent A community of nuns or other persons dedicated to a religious life.

crown prince/princess The heir to a throne.

inquisition A thorough investigation. The Inquisition was a court set up for the purpose of finding and punishing nonbelievers in the Catholic faith.

noble A person of high rank or birth.

torture An action that puts a person through severe pain, often for the purpose of obtaining a confession.

GLOSARIO

convento Una comunidad de monjas u otras personas dedicadas a la vida religiosa.

inquisición Una investigación meticulosa. La Inquisición fue una corte religiosa que tuvo como objetivo descubrir y castigar a los que no creían en el catolicismo.

noble Persona de alto rango o linaje.

príncipe heredero/princesa heredera La persona que sigue a un o una monarca en el trono.

tortura Acto o castigo en que se somete a una persona a sufrimiento corporal a menudo con el propósito de que confiese.